ÉTUDE
ET PROJET

SUR

l'extension de la compétence
des Juges de Paix

par Armand LANCIEN

Juge de Paix du Canton du Cateau (Nord).

LE CATEAU

Imprimerie Th. SAMADEN rue des Fours, 20.

ÉTUDE
ET PROJET

SUR

l'extension de la compétence des Juges de Paix

par Armand LANCIEN

Juge de Paix du Canton du Cateau (Nord).

LE CATEAU

Imprimerie Th. SAMADEN, rue des Fours, 20.

ÉTUDE

SUR L'EXTENSION DE LA COMPÉTENCE
DES JUGES DE PAIX

Les lois de procédure, et particulièrement celles qui règlent la compétence des diverses juridictions, ont un caractère essentiellement temporaire. Les différences dans les conditions économiques, morales et intellectuelles des populations appellent de temps à autre des modifications dans ces lois.

Il est superflu de démontrer que la loi du 25 mai 1838 a fait son temps. De toutes parts l'extension de la compétence civile des Juges de paix est réclamée et s'impose comme l'une des réformes les plus urgentes. Dès 1869, sur l'initiative du Gouvernement, un projet était étudié et distribué au Corps législatif. Il refondait le Code de procédure civile et traitait dans ses premiers titres des attributions et de la procédure des Justices de paix. Il élevait le chiffre de leur compétence, mais sans la modifier dans les points essentiels ; reproduction souvent trop servile de la loi de 1838, il ne répondait pas aux vœux de beaucoup d'esprits pratiques qui signalaient les lacunes et les imperfections de cette loi.

Depuis lors divers projets, nés de l'initiative parlementaire, ont été formulés ; tous ont pour but de modifier la loi de 1838 et d'étendre la compétence des Juges de paix ; mais ils n'embrassent que quelques articles et aucun d'eux ne forme un ensemble qui puisse être substitué à la loi en vigueur.

En donnant ce travail, fruit d'études essentiellement pratiques, mon but est d'offrir précisément une sorte de code de procédure civile des Justices de paix ; non que j'aie la prétention de formuler un projet de loi dans le sens propre du mot ; mais je n'ai point trouvé de moyen plus commode pour condenser et résumer mes idées sur cette matière.

Ai-je besoin d'ajouter que je n'ai guéres fait que donner un corps aux divers projets déjà publiés. Parmi les modifications que je propose, peu m'appartiennent en propre ; en un pareil sujet il faut moins viser à être original qu'à profiter de l'expérience et des travaux de ses devanciers.

Un commentaire, aussi bref que possible, déduira les motifs de la proposition dont voici le texte :

DE LA JUSTICE DE PAIX

TITRE PREMIER

DE LA COMPÉTENCE D'ATTRIBUTIONS

ARTICLE 1er. — Les Juges de paix connaissent de toutes actions mobiliéres, qu'elles soient personnelles, réelles ou mixtes, en dernier ressort jusqu'à la valeur de 150 francs, et à charge d'appel jusqu'à la valeur de 500 francs.

ARTICLE 2. — Les Juges de paix connaissent, sans appel, jusqu'à la valeur de 150 francs, et à charge d'appel à quelque valeur que la demande puisse s'élever :

1º Des actions civiles pour diffamation verbale et pour injures publiques ou non publiques, verbales ou écrites, lorsque les parties ne se sont pas pourvues par la voie criminelle ;

Toutefois, si le délit ou la contravention a été commis par la voie de la presse, la demande ne pourra jamais être portée en justice de paix ;

2º Des actions pour dommages aux champs, fruits et récoltes ; soit par l'homme, soit par les animaux, lorsque les droits de propriété ou de servitude ne sont pas contestés ;

3º Des actions pour indemnités dues aux particuliers ou aux communes en vertu de la loi du 3 Juillet 1877, relative aux réquisitions militaires, et pour indemnités réclamées en vertu de l'article 11 de la loi du 15 juillet 1878 ;

4º Des actions rhédibitoires en matière de vente ou d'échange d'animaux domestiques.

ARTICLE 3. — Les Juges de paix connaissent, sans appel jusqu'à la valeur de 150 francs, et à charge d'appel à quelque valeur que la demande puisse s'élever, de toutes les actions qui peuvent résulter du louage des choses (articles 1713 à 1778 du code civil), pourvu que le loyer ou fermage annuel, net de toute imposition ou contribution, n'excéde pas 1,000 francs s'il s'agit de location de meubles ou de bail à loyer, et 500 fr. s'il s'agit de bail à ferme.

Si le prix du bail consiste, soit en totalité, soit en partie, en denrées ou prestations en nature, ou s'il s'agit de baux à colons partiaires, le Juge de paix déterminera la compétence, en prenant pour base du revenu net de la propriété le revenu imposable du cadastre multiplié par trois.

Le tout sans préjudice de la compétence générale fixée par l'article premier.

ARTICLE 4. — Les Juges de paix prononcent également, sans appel jusqu'à la valeur de 150 francs, et à charge d'appel à quelque valeur que la demande puisse s'élever ;

1º Sur les contestations qui peuvent résulter

du louage des domestiques et ouvriers et de l'exécution des contrats d'apprentissage, sans néanmoins qu'il soit dérogé aux lois et réglements relatifs à la juridiction des prud'hommes;

2º Sur les contestations entre les voyageurs et les entrepreneurs quelconques de transport pour retards, frais de route, perte ou avarie d'effets ou marchandises accompagnant les voyageurs;

3º Sur les contestations entre les hôteliers, aubergistes ou logeurs et les voyageurs ou locataires en garni pour dépense d'hôtellerie et perte ou avarie d'effets déposés dans l'auberge ou dans l'hôtel;

4º Sur les contestations entre les voyageurs et les carrossiers ou autres ouvriers pour fournitures, salaires et réparations faites aux voitures de voyage.

ARTICLE 5. — Les Juges de paix connaissent en outre à charge d'appel:

1º Des demandes en pension alimentaire formées en vertu des articles 205, 206 et 207 du code civil, lorsque la totalité de la pension réclamée contre tous les obligés n'excède pas 360 francs par an;

2º Des actions en réintégrande, complaintes, dénonciations de nouvel œuvre et en général de toutes actions possessions fondées sur des faits commis dans l'année;

3º Des actions en bornage, de celles relatives à la distance prescrite par la loi, les réglements particuliers et l'usage des lieux pour les plantations d'arbres ou de haies, et de celles relatives à l'élagage des arbres ou haies et au curage soit des fossés, soit des canaux servant à l'irrigation des propriétés ou au mouvement des usines, lorsque les droits de propriété ou de servitude ne sont pas contestés ;

4º Des actions relatives aux constructions et travaux énoncés dans l'article 674 du Code civil, lorsque la propriété n'est pas contestée ;

5º Des contestations auxquelles peuvent donner lieu l'établissement et l'exercice de la servitude de drainage, et des servitudes de passage et de barrage pour les eaux d'irrigation.

ARTICLE 6. — Les Juges de paix connaissent toutes les fois que les causes rentrent dans leur compétence :

1º De la validité et de la nullité des offres réelles faites, soit directement avant toute citation, soit au cours d'une instance engagée devant eux ;

2º De la validité et de la main-levée des saisies-gageries, mêmes lorsqu'elles portent sur des meubles déplacés sans le consentement des propriétaires, des saisies arrêts ou oppositions et des saisies arrêts sur débiteurs forains.

Toutefois, s'il y a opposition de la part des tiers pour des causes et pour des sommes, qui réunies excédent la compétence du Juge de paix, le jugement sur la validité ou la mainlevée de la saisie sera déféré au Tribunal civil de l'arrondissement.

ARTICLE 7. — Les Juges de paix connaissent de toutes les demandes reconventionnelles ou en compensation qui, par leur nature ou leur valeur, sont dans les limites de leur compétence, alors même que, réunies à la demande principale, elles excéderaient cette compétence.

Ils connaissent, en outre, à quelques sommes qu'elles puissent monter, des demandes reconventionnelles en dommages-intérêts fondées exclusivement sur la demande principale elle-même.

ARTICLE 8. — Lorsque chacune des demandes principales, reconventionnelles ou en compensation, sera dans les limites de la compétence du Juge de paix en dernier ressort, il prononcera sans qu'il y ait lieu à appel.

Si l'une de ces demandes est supceptible d'appel, le Juge de paix ne prononcera sur toutes qu'en premier ressort. Néanmoins les demandes en dommages-intérêts, exclusivement fondées sur la demande principale, suivront toujours le sort de celle-ci, quelque soit leur chiffre.

Si la demande recouventionnelle ou en compensation excède les limites de sa compétence, le Juge de paix pourra, soit retenir le jugement de la demande principale, soit renvoyer, sur le tout, les parties à se pourvoir devant le tribunal de première instance, sans préliminaire de conciliation.

ARTICLE 9. — Lorsque plusieurs demandes

formées par la même partie seront réunies dans une même instance, le Juge de paix ne prononcera qu'en premier ressort, si leur valeur totale s'élève au-dessus de 150 francs. Il sera incompétent sur le tout si ces demandes excèdent par leur réunion les limites de sa juridiction.

La demande formée par plusieurs demandeurs ou contre plusieurs défendeurs, même collectivement et en vertu d'un titre commun, sera jugée en dernier ressort, si la part afférente à chacun des demandeurs ou à chacun des défendeurs, dans la demande, n'est pas supérieure à 150 francs ; elle sera jugée, pour le tout, en premier ressort, si la part d'un seul des intéressés excède cette somme.

Article 10. — Les Juges de paix connaissent de l'exécution de leurs jugements et des contestations qu'elle peut soulever, excepté : 1º Lorsqu'elle a lieu par voie de saisie immobilière ; 2º Lorsqu'il y a de la part des tiers des oppositions qui, par leur nature ou leur valeur, excèdent leur compétence.

Ils prononcent, mais toujours à charge d'appel, quelqu'en soit le montant, sur les demandes en paiement des frais qui sont faits devant eux et qu'il leur appartient de taxer.

Article 11. — Les Juges de paix ont pouvoir d'autoriser à ester, tant en demandant qu'en défendant devant eux, dans les cas où cette autorisation doit être donnée par justice.

Article 12. — En dehors de la compétence qui leur est attribuée par les articles précédents ou par des lois spéciales, les Juges de paix ne peuvent connaître d'aucun litige, sinon comme arbitres volontairement constitués par les parties dans les cas et suivant le mode fixés par la loi.

Toutefois les parties, capables de compromettre, peuvent toujours, en audience publique, demander jugement en dernier ressort dans [les causes susceptibles d'appel. En pareil cas il leur sera donné acte de leur déclaration qui sera consignée sur la feuille d'audience, sans autre formalité.

TITRE II

DE LA COMPÉTENCE TERRITORIALE

Article 13. — Toute demande, sauf les exceptions prévues par les lois, sera introduite devant le Juge de paix du canton où le défendeur aura son domicile légal et, à défaut de domicile, sa résidence ;

S'il y a plusieurs défendeurs, elle sera portée devant le Juge de paix du domicile de l'un des défendeurs, au choix du demandeur ;

Si le défendeur n'a ni domicile connu, ni résidence fixe en France, elle pourra être introduite devant le Juge de paix du domicile du demandeur.

ARTICLE 14. — La demande sera introduite devant le Juge de paix du canton ou sera situé l'objet litigeux :

1º Dans les actions énoncées au numéros 2 et 3 de l'article 2 et aux numéros 2, 3, 4 et 5 de l'article 5 ;

2º En matiéres de réparations, dégradations et pertes de choses louées, d'indemnités pour non jouissance des locataires, d'augmentation, diminution ou remise de fermage ou loyer, et aussi de résiliation de bail fondée sur les articles 1722, 1724, 1752 et 1766 du Code civil.

Si l'objet est divisé entre plusieurs cantons, la connaissance du litige appartiendra au Juge de paix du canton dans lequel est comprise la partie la plus importante, déterminée par l'impôt.

ARTICLE 15. — Pourront être portées devant le Juge de paix du lieu :

1º Les contestations énoncées sous les numéros 3 et 4 de l'article 4 ; et généralement toutes les actions en réparation d'un dommage matériel ;

2º Les demandes en validité ou nullité de saisies-gageries et de saisies-arrêts sur débiteurs forains.

La permission de saisir, au cas où elle est

nécessaire, sera accordée par le Juge de paix du lieu où la saisie devra être opérée. (1)

Malgré son titre, la loi du 25 mai 1838 ne contient pas que des dispositions relatives à la compétence des Juges de paix, antérieurement déterminée par la loi des 16-24 août 1790 ; elle comprend à compter de l'article 11 des prescriptions de pure procédure, qui sont venues modifier ou compléter les premiers titres du code de procédure civile. — Il nous a paru plus rationnel de ne point confondre sous un même titre des choses essentiellement distinctes et de traiter séparément de la compétence ou juridiction et de la procédure proprement dite. qui n'intéresse que la forme.

Envisageant la compétence elle-même sous deux points de vue, comme la plupart des auteurs qui ont écrit sur cette matière, nous avons distingué la compétence d'attribution de la compétence territoriale ; l'une, avec son caractère plus absolu, fixant les matières dont tous les tribunaux du même ordre peuvent connaître ; l'autre, avec son caractère plus relatif, traçant pour ainsi dire la sphère d'action de chaque magistrat.

---

(1) **Disposition transitoire.** — Sont abrogés les articles 1 à 10 inclusivement de la loi du 25 mai 1838, 1 de la loi du 2 mai 1855 et toutes antres dispositions contraires à la présente loi.

De là la division en deux titres, qui a été adoptée et qui sera suivie dans l'examen des articles de la proposition qui précède.

CHAPITRE Ier

DE LA COMPÉTENCE D'ATTRIBUTION

Les lois de 1790 et de 1838 n'ont pas accordé aux Juges de paix la plénitude de juridiction. Les tribunaux de paix ont été créés et sont restés tribunaux d'exception. Convient-il de changer cet état de choses ? Les Juges de paix qu'on nomme à bon droit les juges des *petits procès*, dóivent-ils connaître de toutes les contestations, quelque soit leur caractére, lorsque l'intérêt en litige ne dépasse pas une certaine somme ou une certaine valeur ? La commission de la Chambre des députés, chargés d'examiner une proposition de MM. Floquet et Parent, sans se prononcer d'une maniére formelle sur cette question, a visiblement penché vers la négative ; par l'organe de M. Colin, son rapporteur, elle a mis en relief des objections que nous ne reproduirons pas, mais qui nous paraissent concluantes ; nous dirons seulement que les tribunaux de paix se composent d'un magistrat unique, auquel on ne peut supposer toute science infuse, et qu'en l'état actuel, il serait peut-être imprudent de leur confier la connaissance des actions pétitoires immobiliéres et d'autres matiéres non moins ardues.

Mais il est d'autres points sur lesquels doit plutôt porter la réforme. Aujourd'hui, d'aprés la loi de 1838, les affaires de la compétence des Juges de paix se divisent en quatre catégories, savoir:

1º Celles dont ils connaisssent en dernier ressort jusqu'à 100 francs, et à charge d'appel, jusqu'à 200 francs ;

C'est la compétence *ordinaire limitée ;*

2º Celles dont ils connaissent en dernier ressort jusqu'à 100 francs, et à charge d'appel, jusqu'au taux de la compétence en dernier ressort des tribunaux civils d'arrondissement (1500 francs).

C'est la compétence *extraordinaire limitée ;*

3º Celles dont ils connaissent en dernier ressort jusqu'à 100 francs, et à charge d'appel, à quelque valeur que la demande puisse s'élever ;

4º Celles dont ils connaissent, quelle que soit la valeur de la demande, mais toujours à charge d'appel.

Ces deux derniéres catégories forment la compétence *extraordinaire illimitée,* au moins quant au chiffre de la demande ; car il est d'autres limites, telles qne celles résultant du mon-

tant annuel des loyers ou des pensions alimen-
taires.

D'après le projet ci-dessus, la compétence
extraordinaire limitée serait supprimée. C'est
une simplification qui nous semble parfaitement
justifiée et qui ferait disparaître de singulières
anomalies. Un exemple entre tous : entre propriétaires et locataires, les Juges de paix ne connaissent actuellement que jusqu'à 1,500 francs,
des contestations qui ont pour objet les indemnités dues, soit aux preneurs pour défaut de
jouissance, soit par les preneurs pour dégradations ; ils connaissent sans limite des demandes
en réparations locatives ; et s'il s'agit d'autres
réparations que celles mises par la loi à la
charge des locataires, ils ne sont compétents
que jusqu'à 200 francs. — Pareille singularité
peut être relevée relativement à la compétence
en matière de louage d'ouvrage et d'industrie.

Dans cet ordre d'idées les affaires rentrant
dans la juridiction des Tribunaux de paix seraient
réduites à trois catégories :

1° Celles dont ils connaîtraient en dernier
ressort jusqu'à 150 francs, et, à charge d'appel,
jusqu'à 500 francs ; ce serait leur *compétence
ordinaire* ;

2° Celles dont ils connaîtraient, en dernier
ressort jusqu'à 150 francs, et, à charge d'appel,
à quelque valeur que la demande pût s'élever ;

3° Celles dont ils connaîtraient, mais toujours

à charge d'appel, quelle que fût l'importance du litige.

Ces deux catégories constitueraient leur *compétence extraordinaire*.

§ 1er. — COMPÉTENCE ORDINAIRE.

L'ARTICLE PREMIER détermine cette compétence et la limite à 150 francs en dernier ressort à 500 francs en premier ressort. — Le chiffre de 150 francs est précisément celui au-delà duquel la preuve des conventions civiles ne peut se faire par témoins, sauf cas exceptionnel. Il a paru que, dans tout litige supérieur à cette somme, il fallait laisser aux parties le droit d'appeler, et cela surtout parce que la décision du Juge de paix pouvait être fondée sur des moyens de preuve faux en droit. — Quant au chiffre de 500 francs, il est celui du projet de 1869 et il répond aux ex.gences du présent et d'un long avenir.

La définition, adoptée pour les actions rentrant dans la compétence ordinaire, diffère peu de celle de la loi de 1838 ; au fond tout le monde est d'accord sur le caractère de ces actions. Il serait superflu d'entrer dans une discussion sur la valeur des mots *actions mobilières, actions personnelles*. La définition ci-dessus donnée a été indiquée par Giraudeau, et a paru la plus explicite à notre savant collègue M. Guilbon, dans son traité de la compétence civile des Juges de paix. (1)

§ 2. — Compétence extrardinaire.

Elle se divise en deux séries : les actions qui peuvent être jugées en dernier ressort, si leur valeur ne dépasse pas 150 francs ; les actions qui sont toujours susceptibles d'appel, quel que soit le chiffre de la demande.

I. Les articles 2, 3 et 4 comprennent les actions de la première série, rangées dans un ordre rationnel, celui de Code civil. Avant de les passer en revue, il est utile d'expliquer pourquoi certaines contestations figurant dans la loi de 1868 sont éliminées du projet.

Il y a d'abord les contestations relatives au paiement des nourrices. Jamais pareille action ne s'engage en justice de paix pour un chiffre supérieur à 500 francs.

Il est inutile de maintenir une exception pour un cas qu'on peut considérer comme ne devant jamais se produire. Puis la convention, qui lie la nourrice et les parents du nourrisson, n'est-

---

(I) Si les pouvoirs législatifs étaient d'avis de donner la connaissance des affaires commerciales aux Juges de paix dans les limites de leur compétence ordinaire, il n'y aurait qu'à intercaler les mots : *civiles et commerciales,* entre le mot *mixtes* et les mots : *en dernier ressort,* etc...

Cette grave question ne sera pas discutée ici. Au cas où pareille compétence serait donnée aux Juges de paix, ceux-ci seraient toujours des magistrats civils appelés à juger commercialement, et à notre avis l'appel de leurs décisions devrait, même en cette matière, être porté devant le Tribunal civil du ressort.

elle pas un contrat de louage de domestique; dès lors les difficultés qui s'élèvent sur son exécution ne rentrent-elles pas toujours dans la compétence illimitée des Juges de paix?

Il y a ensuite les actions civiles, pour rixes et voies de fait. D'après une jurisprudence presque constante, l'article 5 de la loi de 1838 ne s'applique qu'aux violences punissables des peines de simple police, dans les termes de l'article 605 de la loi du 3 Brumaire an IV, c'est-à-dire aux cas où il n'y a ni coups ni blessures; en sorte que, pour prendre un exemple, celui qui a été pris par le bras et jeté hors d'une maison, peut réclamer en justice de paix 10,000 francs et plus de dommages-intérêts, et que celui qui a reçu des coups, même violents, et en a souffert pendant un temps plus ou moins long, est obligé de se pourvoir à grands frais devant les tribunaux civils, s'il réclame plus de 200 francs. La logique commande de faire disparaître une disposition qui conduit à un si étrange résultat. — Si la victime de voies de fait n'a pas été trop grièvement blessée, l'article premier ci-dessus lui assure une prompte et suffisante réparation en justice de paix; si elle a reçu des blessures graves et qu'elle doive réclamer plus de 500 francs, il y aura presque toujours quelque question de médecine légale à trancher, et le litige sera assez épineux pour être porté devant le Tribunal civil.

Ceci dit en ce qui a trait aux éliminations, il

ne reste plus qu'à passer en revue les articles dans lesquels sont énumérées les actions dont connaîtraient extraordinairement les Juges de paix.

L'ARTICLE DEUX comprend :

1º Les actions civiles pour diffamation verbale et injures. — C'est la reproduction du numéro 5 de l'article 5 de la loi de 1838, avec un simple changement concernant les faits commis par la voie de la presse. D'après le texte et les travaux préparatoires de la loi du 25 mai 1838, il est bien évident que les actions civiles pour injures, commises par la voie de la presse et diffamations écrites, rentrent dans la compétence *ordinaire* des Juges de paix. Or, de plus en plus, on tend à enlever aux tribunaux civils la connaissance des procès de presse. Suivant nous, les discussions irritantes, qui sont la conséquence de la polémique des journaux, doivent être absolument écartées de nos paisibles prétoires. C'est dans cet esprit qu'a été rédigée la disposition restrictive, écrite en suite du premier paragraphe.

2º Les actions pour dommages ruraux commis par l'homme ou par les animaux. — Il n'y a encore là aucune innovation. — Seulement les actions relatives à l'élagage des arbres ou haies, et au curage des fossés ou canaux, ont été reportées dans la seconde série à la suite des actions en bornage, parce que ces actions présentent toujours quelque chose d'indéterminé , d'inappréciable et, par suite, ne peuvent être jugées en dernier ressort.

3° Les actions dont la loi du 6 Juillet 1377 a donné la connaissance aux Juges de paix jusqu'à 200 francs en premier ressort et jusqu'à 1,500 à charge d'appel. — Ce troisième paragraphe a pour but de mettre cette loi de 1877 en harmonie avec la loi qui détermine la compépétence des Tribunaux de paix. Il semble d'autant plus rationnel de comprendre ces actions dans la présente série, que presque toujours les contestations, qui surgiront de l'exécution de la loi sur les réquisitoires militaires, auront pour objet les dommages causés aux champs ou récoltes par les grandes manœuvres. — Il y avait aussi à mettre en harmonie avec la loi générale l'article 11 de la loi de 1878 relative au doryphora et au phylloxera.

4° Les actions rédhibitoires en matière de vente ou échange d'animaux domestiques. Ce serait une nouvelle attribution pour les magistrats cantonaux. Il n'est pas à notre souvenir qu'elle ait encore été proposée ; et cependant il n'y a guère d'innovation qui serait mieux accueillie des justiciables. surtout dans les cantons ruraux. Il n'y aurait certainement aucun inconvénient à confier aux Juges de paix la connaissance de ces actions généralement peu compliquées, quelle que fût la valeur en litige, sauf appel au-dessus de 150 francs. Ils décident journellement dans des contestations bien plus délicates en droit comme en fait. — Ici il s'agit d'une matière dont la procédure fort simple est tracée par une loi spéciale et qui ne présente guéres que des questions de fait. La solution dépend dans presque tous les cas d'une expertise préalable. Si cette expertise est contestée, le juge peut commettre nouveaux experts et rendre ensuite sa décision en toute connaissance de cause. Les Juges de paix sont on ne peut mieux placés pour résoudre, à peu de frais et dans le plus bref délai, ces sortes de contestations qui doivent, avant tout, être promptement vidées. Ils connaîtront presque toujours la moralité des deux parties, et leur position pécuniaire, ce qui est loin d'être indifférent en pareil cas.

L'ARTICLE TROIS contient la plus importante innovation du projet. Il attribue aux Juges de paix la connaissance de toutes les contestations qui peuvent naître du louage des biens, meubles ou immeubles, jusqu'à concurrence de certains chiffres de location. Cette attribution ne se justifie pas seulement par la grande simplication qu'elle apporterait, simplification toujours désisirable dans lois, mais encore par les nombreux avantages qu'elle procurerait aux justiciables ; elle aurait également pour effet de faire disparaître certaines anomalies, certaines étrangetés, dont quelques unes ont déjà été signalées. Sans vouloir entrer dans tous les motifs qui militent en faveur de cette modification, qu'il nous soit permis de signaler les suivantes :

La loi actuelle ne donne au Juge de paix pouvoir de résilier les baux que pour défaut de paiement du prix. Pourquoi ne pas lui permettre de prononcer la résiliation pour tout autre cause légale ? Ainsi l'article 1752 stipule que le locataire qui ne garnit pas la maison de meubles suffisants peut être expulsé, s'il ne donne pas d'autre sûreté. En l'état actuel le propriétaire qui veut expulser le preneur en vertu de cet article, doit nécessairement s'adresser aux Tribunaux, quelque minime que soit le loyer ; il n'arrive à son but qu'au prix de sacrifices importants. En justice de paix, il suffirait d'un transport sur les lieux pour que le jugement pût être rendu même sans désemparer. Il en serait de même en matière d'augmentation ou diminution de prix à raison de différence dans la contenance donnée aux biens ruraux. Un simple mesurage fait en présence du Juge de paix suffirait poar lui permettre de prononcer rapidement et presque sans frais.

D'autre part, pourquoi maintenir les exceptions de l'article 4 de la loi du 25 mai 1838 ? Ne permettre au locataire de réclamer en justice des paix des indemnités pour défaut de jouissance provenant du fait du propriétaire qu'autant que celui-ci ne contestera pas le droit à l'indemnité, c'est lui donner une satisfaction bien illusoire. Le propriétaire récalcitrant trouvera presque toujours un prétexte plus ou moins spécieux pour arriver a une incompétence et forcer son

adversaire, quelque minime que soit le litige, à
recourir au Tribunal d'arrondissement. — Pourquoi aussi faire une différence entre les pertes
causées par incendie ou inondation et toutes
autres pertes ou dégradations? Les motifs qu'on
a pu et qu'on pourrait faire valoir, pour justifier
les exceptions dont s'agit, seraient assurément
bien subtils. Lors de la rédaction de la loi de
1838, rien n'a été dit à ce sujet soit dans les
rapports de la commission soit dans les discussions ; et il ne faut pas perdre de vue que le
paragraphe premier de l'article 4 de cette loi,
loin d'élever la compétence des Juges de paix,
la restreignait. La loi du 24 août 1790, était, à
cet égard, plus large.

Nous avons donc pensé qu'il était utile de faire
disparaître toutes ces distinctions et de donner
d'une manière générale aux Juges de paix la connaissance des contestations qui peuvent résulter
du louage des choses, quand le prix net n'excède
pas 1,000 francs en matière de bail à loyer ou
bail de meubles et 500 francs en matière de bail
à ferme, sans préjudice bien entendu de la compétence ordinaire limitée par l'article premier.

L'article 3 de la loi de 1838 et la loi du 20 Mai
1854 établissaient aussi une distinction relativement à la compétence extraordinaire des Juges
de paix en matière locative ; ils la basaient sur
la situation des biens loués, faisant une différence entre les immeubles des grandes villes et

ceux des communes. Le projet de MM. Floquet et l'arent reproduit cette distinction qu'avait supprimée la loi du 2 mai 1855. Il nous a paru plus rationnel de prendre une autre base et d'établir la distinction sur la nature et non sur la situation des choses louées. Il est évident qu'il y a une différence très-grande entre le produit des baux à loyers et celui des baux à ferme ; en outre la distinction, contenue en notre proposition, a l'avantage de maintenlr l'unité de législation pour tout le territoire et de respecter ainsi le principe fondamental de nos institutions.

En ajoutant aux mots *loyer ou fermage annuel*, les mots *net de toute imposition ou contribution*, nous avons voulu non-seulement mettre fin à une controverse, mais encore éviter un résultat assez bizarre qui pourrait se produire si, pour déterminer la compétence, on tenait compte de l'impôt. Les contributions varient chaque année et varient aussi suivant les charges locales, en sorte qu'un Juge de paix en présence d'un même bail serait compétent une année et ne le serait plus l'année suivante, ou serait compétent, avec une location du même chiffre, pour l'une des communes de son canton et ne le serait pas pour une autre.

C'est pour un motif semblable, signalé depuis longtemps par les commentateurs qu'a été écartée du projet l'évaluation d'après les mercuriales, quand le prix du bail consiste totalement ou partiellement en denrées. L'évaluation d'après le revenu cadastral, à défaut d'autre moyen, paraît encore préférable ; elle a l'avantage de la fixité, avantage que ne présente pas l'évaluation par l'impôt de l'année courante ; et, si le chiffre multiplicateur *trois* ne paraissait pas en rapport avec le véritable revenu moyen de la propriété, il serait facile de le remplacer par un autre.

Un dernier mot sur cet article ; on peut objecter qu'il restreint sur un point la compétence des Juges de paix, à savoir en matière de réparations locatives dont ces magistrats connaissent actuellement d'une manière illimitée. En théorie l'objection pourrait ne pas être sans valeur ; en fait elle n'en aurait guères. En effet, si le loyer ne dépasse pas 1,000 francs, notre proposition ne modifie en rien l'état de choses actuel ; le loyer est-il supérieur à 1,000 francs, le propriétaire pourra toujours, si les réparations locatives ne lui semblent pas devoir excéder 500 francs, les demander en justice de paix suivant les termes de l'article 1er. Il n'y aurait que le cas très-rare où il s'agirait à la fois d'une location supérieure à 1,000 francs et de réparations locatives importantes ; mais alors le litige, vu l'importance du contrat de bail et sa propre valeur relative, pourrait sans inconvénient être porté devant le Tribunal civil, et l'on ne saurait plus faire valoir l'intérêt qu'inspirent les petits locataires et aussi les petits propriétaires.

L'Article quatre comprend :

1º Les actions résultant du louage des domestiques et ouvriers, sauf l'exécution des lois et réglements sur les prudhommes. — Il n'y a là aucune innovation, c'est la reproduction, en termes plus simples et tout aussi clairs, du numéro 3 de l'article 5 de la loi de 1838 ;

2° Les contestions entre voyageurs et entrepreneurs quelconques de transport pour retards frais de route et pertes ou avaries d'effets ou marchandises accompagnant les voyageurs. — Une fois admis le principe de la suppressien de la compétence *extraordinaire limitée*, ce paragraphe n'est pas susceptible de longs commentaires. Les termes en sont à peu près ceux du deuxiéme alinéa de l'article 2 de la loi de 1838, Les mots : *entrepreneurs quelconques de transport,* ont été substitués aux mots : *voituriers ou bateliers,* afin qu'il soit bien entendu que l'article s'applique aux compagnies de chemins de fer, tramways, bâteaux à vapeur, omnibus, etc. De même les mots *ou marchandises,* ont été ajoutés au mots *effets,* afin de faire cesser toute controverse à l'égard des objets qui peuvent servir de base à la réclamation des voyageurs.

Le projet de 1869 avait ajouté aux contestations entre voyageurs et entrepreneurs de transport dont devaient connaître les Juges de paix, celles qui pouvaient naître des blessures reçues par accident pendant le transport. Les motifs qui nous ont empêché de reproduire cette addition sont les suivants ; ou les les blessures ainsi reçues n'auront pas de suites graves et alors il y aura lieu à demande dans les limites de l'article premier ; ou les blessures seront susceptibles de conséquences très sérieuses, nécessiteront des contestations médico-légales souvent très-délicates ; en ce cas le litige méritera d'être porté devant les Tribunaux ordinaires.

3° Les contestations entre les hôteliers, aubergistes ou logeurs et les voyageurs ou locataires en garni, pour dépenses et pour perte ou avarie d'effets.

4° Les contestations entre les voyageurs et les carrossiers pour réparations de voitures de voyage, salaires et fournitures.

Ces deux derniers paragraphes de notre article quatre sont conçus dans les mêmes termes que la loi de 1838, en son article deux, ils ne soulèvent aucune difficulté.

Quant à l'extension de compétence qui résulterait du classement dans cette catégorie des actions désignées au paragraphes 2, 3 et 4, elle ne pourrait, nous en sommes persuadé, présenter aucune conséquence fâcheuse. Ces sortes de contestations sont rarement d'un chiffre important ; elles offrent peu de difficultés de droit ; elles sont de celles qui réclament une solution rapide. La faculté d'appeler au-dessus de 150 francs donnerait, du reste, toute garantie aux plaideurs.

II. L'ARTICLE CINQ comprend les actions de la seconde série, savoir :

1° Les demandes en pension alimentaire. —

Le projet de 186? étendait déjà à 300 francs par an le chiffre de la pension qui pouvait être obtenu en Justice de paix ; nous proposons d'étendre jusqu'à 360 francs ; c'est le franc par jour. La rédaction que nous avons adoptée a pour but de faire cesser toute controverse sur la question de savoir si un ayant droit peut introduire successivement et séparément contre chacun de ceux, qui sont tenus à aliments envers lui, diverses actions qui, réunies, dépasseraient le chiffre de la compétence du Juge de paix ; question généralement et justement résolue dans le sens négatif.

2° Les actions possessoires. — Il n'y a encore ici aucune innovation, mais rédaction plus simple et plus nette que dans la loi de 1838.

3° Les actions en bornage, et celles relatives à la distance requise pour les plantations d'arbres ou de haies, auxquelles on a joint pour les motifs déjà indiqués les actions concernant l'élagage des arbres ou haies et le curage des fossés ou canaux.

4° Les actions relatives aux constructions et travaux énoncés dans l'article 674 du code civil.

5° Enfin les contestations relatives à l'établissement et à l'exercice de la servitude de drainage, et des servitudes de passage et de barrage pour les eaux d'irrigation.

Ces trois derniers paragraphes n'apportent aucun changement dans la législation, sauf en ce qui concerne les contestations qui peuvent naître de l'application des lois du 29 avril 1845 et du 11 Juillet 1847. Les motifs qui ont fait donner aux Juges de paix compétence en matière de drainage, doivent la leur faire attribuer en matière d'irrigation. Cette réforme a été depuis longtemps proposée et promise.

Partout quand nous avons trouvé dans les textes les mots : *lorsque la propriété ou les titres qui l'établissent ne sont pas contestés*, nous nous semmes contenté de parler de la *propriété*, sans parler des *titres qui l'établissent;* il est difficile, en effet, de concevoir une contestation sur les titres sans qu'il y ait par cela même, contestation sur la propriété ; et si, par impossible, telle contestation plus ou moins sérieuse s'élevait sur les titres qui n'intéressât pas la propriété, il n'y aurait pas motif pour dessaisir le Juge de paix appelé à statuer dans cas prévus par les numéros 3 et 4 ci-dessus.

§ 3. Compétence accessoire

Les cinq articles, analysés rapidement, comprenneut toutes les actions dans lesquelles les Juges de paix sont directement appelés à statuer, il reste à parcourir les actions dont ces magistrats connaissent d'uue manière pour ainsi dire indirecte et par voie de conséquence. C'est ce qui est indiqué sous le titre de compétence accessoire.

L'ARTICLE six donne aux Juges de paix la connaissance de diverses procédures spéciales qui peuvent se produire dans les limites de leur compétence, en dehors de l'exécution de leurs jugements.

Le premier paragraphe, relatif aux offres réelles, ne fait que sanctionner une solution généralement admise par la doctrine et la jurisprudence.

Le second paragraphe étend au cas où les meubles ont été déplacés sans le consentement des propriétaires, la juridiction des Tribunaux paix en matière de saisie-gagerie, et fait cesser toute controverse sur cette attribution ; en outre il satisfait à un vœu trop souvent exprimé pour soulever une objection sérieuse, en donnant aux Juges de paix la connaissance des demandes en validité ou main levée des saisies arrêts ou oppositions et des saisies sur débiteurs forains.

L'exception formulée dans le dernier paragraphe ne peut également faire l'objet d'aucune discussion.

L'ARTILE sept reproduit presque textuellement l'article de la loi de 1838 qui porte le même numéro et qui n'a jamais soulevé de difficultés sérieuses.

L'ARTICLE huit est également la reproduction de l'article 8 de la loi de 1838, modifié seulement en un point. Contrairement à ce qui était édicté pour les Tribunaux ordinaires, le texte de cette

loi a permis indirectement l'appel dans le plus
minime des procès pendant en Justice de paix,
en omettant déclarer que toute demande recon-
tionnelle en dommages intérêts, fondée exclusivement sur la demande principale, suivrait le
sort de celle-ci. C'est laisser la porte ouverte à
l'esprit de chicane et en même temps permettre
aux justiciables de manifester vis à vis du Juge
une défiance qui touche à l'offense. — La modification proposée a fait du reste l'objet d'une
proposition de loi déposée par l'honorable
M. Girard, député et insérée dans le *Journal offi-
ciel* (numéro du 6 avril 1879). L'exposé qui
précède cette proposition la justifie trop bien
pour qu'il soit permis d'insister davantage.

L'ARTICLE NEUF est calqué sur l'article 22 du
projet de loi de 1869, qui venait modifier ou
plutôt compléter l'article 9 de la loi de 1838. Il
est rédigé de la manière la plus brève possible
et ne semble ne pouvoir donner lieu à aucune
objection.

L'ARTICLE DIX est relatif à la compétence des
Juges de paix en matière d'exécution de leurs
jugements. La connaissance des difficultés qui
peuvent s'élever à ce sujet leur a été refusée
jusqu'à présent, non qu'aucun texte de loi eût
tranchée la question, mais l'exposé des motifs
de la loi du 25 mai 1838 ne pouvait laisser de
doute sur l'intention des législateurs. Les motifs
qui ont déterminé les rédacteurs de cette loi à
refuser aux Juges de paix la connaissance de

ces difficultés, sont considérés depuis longtemps comme plus spécieux que réels, et diverses réformes ont été proposées sur ce point. MM. Parent et Floquet ont réclamé pour les Tribunaux de paix le droit de connaître exclusivement et complétement des contestations survenues sur l'exécution de leurs décisions. N'est-ce pas aller trop loin ? Non évidemment, si l'on accorde aux Juges de paix plénitude de juridiction ; oui, si on la leur refuse. Pour être logique, refusant aux magistrats cantonaux pleine et entière juridiction, il nous fallait adopter un moyen terme et nous l'avons trouvé dans une proposition faite par la commission de la Chambre des députés discutant avant la loi de 1838, un premier projet en date du 23 Janvier 1835.

Cette proposition consiste à reconnaître en principe au Juge de paix la connaissance des difficultés élevées sur l'exécution de ses jugements, mais à lui refuser la connaissance de la saisie immobilière et à ne lui accorder le droit de statuer sur les difficultés résultant des autres saisies, que lorsque les oppositions formées par les tiers n'excèdent pas sa compétence par leur nature et leur valeur.

Le deuxième paragraphe de l'ARTICLE DIX est la conséquence du premier et est destiné à faire cesser toute controverse sur la question de savoir à qui appartient le droit de taxer les frais faits devant les Tribunaux de paix. On comprendra facilement qu'en pareille matière, parfois très délicate, le droit d'appel soit toujours réservé à la partie condamnée.

L'ARTICLE ONSE apporte à la loi actuelle une modification justement réclamée. Les motifs développés par MM. Floquet et Parent à l'appui de leur proposition nous dispensent de tout commentaire.

L'ARTICLE DOUZE a été rédigé de manière à faire cesser l'abus qu'engendre une interprétation, à notre avis erronée et dangereuse, de l'article 7 du code de procédure civile. Il est bien évident que le texte de cet article n'a eu pour but que de permettre aux parties de soumettre spontanément leur litige à un magistrat incompétent, soit à raison du domicile du défendeur soit à raison de la situation de l'objet litigieux ; et cependant la jurisprudence, sans aller jusqu'à donner aux Juges de paix le droit de statuer, du consentement des parties, sur des demandes qui par leur nature (ratione materiœ) sont en dehors de leur compétence, les investit du droit de prononcer avec ce consentement, en premier ou en dernier ressort, au-delà du chiffre de leur compétence limitée. — Or une pareille extension du texte n'est pas sans présenter de graves inconvénients ; non seulement elle détruit l'ordre des juridictions et leurs limites légales, mais elle favorise, en pratique, des agissements déloyaux. En matière de déconfiture notamment elle permet aux créanciers préférés d'un débiteur peu scrupuleux, de feindre un différend et d'obtenir rapidement un jugement, qui emporte hypothèque sur les biens présents et à venir, au détriment des aufres créanciers, obligés d'appeler en conciliation d'abord et, après constitution d'avoué, d'obtenir un jugement du Tribunal civil.

De pareils résultats seront évités en ne laissant les Juges de paix décider en dehors des limites de leur compétence que comme arbitres, les décisions arbitrales n'ayant pas force exécutoire sans ordonnance d'*exequatur* et ne pouvant être opposées à des tiers.

Mais on ne saurait contester aux parties, capables de transiger ou compromettre, le droit de renoncer à l'appel ; et si cette renonciation est convenue au cours d'un instance, il paraîtra suffisant à tout le monde que la déclaration en soit faite en audience publique et consignée au jugement, sans être signée des plaideurs, comme le veut l'article 7 du code de procédure civile.

CHAPITRE II

DE LA COMPÉTENCE TERRITORIALE

Les trois articles qui composent le titre deuxième, déterminent d'une manière théorique la compétence des tribunaux de paix, sans entrer dans le détail de la procédure ni fixer le mode d'appel des justiciables. Ce qui a trait aux avertissements citations, audiences, jugements, etc., fera l'objet d'un travail séparé sur la procédure proprement dite.

L'ARTICLE TREIZE est l'application détaillée de la maxime : *actor sequitur forum rei*, C'est, sous une autre forme, l'article 2 du code de procédure civile complété. Le troisième paragraphe donne à celui qui a contracté avec un individu, étranger ou non, n'ayant ni domicile réel ni résidence fixe en France, la faculté de s'adresser au Juge de paix de son propre domicile ; faculté que la doctrine lui accorde actuellement sans qu'elle soit inscrite dans les textes. C'est une mesure trop équitable pour être contestée.

L'ARTICLE QUATORZE détermine dans quels cas le juge compétent ne pourra être que celui de la situation de l'objet litigieux.

Les cas énoncés au premier numéro sont déjà prévus par les lois actuelles ; il n'y a là aucune innovation.

Le numéro deux est relatif à certaines actions résultant du louage des choses. Les cas où la connaissance du litige devrait appartenir aux Juge de la situation de l'objet sont strictement limités aux actions dans lesquelles il peut y avoir lieu à appréciations et visites de lieux conformément aux articles 41 et suivants du code de procédure civile.

Le projet de 1869 allait au-delà et déférait au juge de paix du lieu *toutes* les actions se rapportant à l'exécution d'un bail à ferme ou à loyer.

Cependant les demandes en paiement de loyer ou en résiliation fondées sur le seul défaut de paiement sont des actions purement personnelles et mobilières et nous ne voyons aucun motif sérieux de les excepter de la régle du droit commun.

Le dernier paragraphe de l'article 14 a pour but de combler une lacune de la loi actuelle. Le projet de révisipn de 1869 donnait compétence en pareil cas au tribunal de la situation du chef-lieu de l'exploitation ; et, à défaut de chef-lieu, à l'un des tribunaux de la situation de l'immeuble litigieux, *au choix du demandeur*. Il nous a paru préférable, vu la nature des actions portées en Justice de paix, d'attribuer toujours juridiction, en cette occurence, au Juge du canton qui comprend la partie de biens la plus importante d'après la matrice du rôle. C'est la solution la plus simple en pratique.

L'adoption de cette dernière disposition impliquerait le droit pour le Juge saisi de la contestation de visiter entièrement l'objet litigieux et conséquemment de faire exceptionnellement acte d'instruction en dehors de son canton ; il y aurait dans l'intérêt des justiciables dérogation au principe écrit dans la loi romaine et accepté sans contestation par la doctrine et la jurisprudence : *Extra territorium jus dicenti impune non paretur*.

Enfin l'ARTICLE QUINZE traite des cas où le demandeur peut, suivant son plus grand intérêt et par exception, porter devant le Juge de paix du lieu une action qui d'après l'article treize ne pourrait être introduite que devant le Juge du domicile du défendeur.

Il a d'abord les constestations entre les hoteliers ou logeurs et les voyageurs ou locataires en garni et les contestations entre voyageurs et carrossiers ou autres ouvriers. Le projet de 1869 en son article 24 donnait juridiction exclusive en pareil cas au Juge de paix du lieu. Il nous semble qu'il suffit de permettre à la partie qui se croit lésée de porter immédiatement, si elle le juge utile, le différend devant le magistrat du lieu où la contestation a pris naissance ; mais il importe de lui donner cette faculté ; les contestations de ce genre ont un caractère exceptionnel qui justifie pleinement la modification proposée.

L'article 36 du même projet de 1869 permettait aussi au demandeur en réparation d'un dommage de porter son action devant le Juge du lieu où le dommage a été causé. — Les motifs donnés à l'appui de cette faculté exceptionnelle, sont tellement concluants qu'il n'y a pas à insister, nous nous sommes contenté d'ajouter l'adjectif *matériel* au mot dommage, afin de ne laisser place à aucune équivoque et de bien préciser qu'il ne pourrait être question de dommages intérêts basés sur tout fait préjudiciable, par exemple sur des propos diffamatoires ou autres causes semblables.

Le numéro 2 de l'article quinze crée une nouvelle exception au profit des demandeurs en matière de saisie-gagerie ou saisie sur débiteurs forains. — Pour la saisie gagerie, il y a controverse à faire cesser. La plupart des auteurs décident que le Juge compétent est toujours celui du lieu de la saisie, celui qui seul a pu l'autoriser. Cependant on peut objecter que le pouvoir d'autoriser une saisie et la compétence pour prononcer sur sa validité sont choses différentes. Cela est si vrai qu'en l'état actuel le Juge de paix a le droit d'autoriser une saisie sur débiteur forain et ne peut statuer sur sa validité.

Il y a tout avantage à investir du droit de prononcer, le juge, qui a déjà celui d'autoriser l'une et l'autre saisie ; il s'agit de contestations urgentes qui doivent recevoir une solution presque immédiate ; et le juge du lieu qui a apprécié l'opportunité de mesures telles que des saisies, doit rester chargé de statuer sur les suites nécessaires de ces mesures.

Les quinze articles de la proposition ne forment que la première partie de la tâche que nous nous sommes imposée ; ils n'ont trait qu'à la compétence. Si ce travail est accueilli avec la moindre faveur, nous donnerons la seconde partie qui traitera de la procédure proprement dite et sera une refonte des articles 11 à 19 de la loi du 25 mai 1838 et des articles 1 à 47 du Code de Procédure civile.

Avril 1879.

Imp. Th. Samaden, au Cateau.

9 782019 281182